JN408929

꽃이 있어
좋은 날

꽃이 있어 좋은 날

평죽 김성호 제5시집

도서출판 천우

● 시인의 말

꽃을 통해 세상 보기

꽃이 주제이거나 소재가 된 시들이 많아 제목을 『꽃이 있어 좋은 날』로 정했습니다. 시인은 더 말할 나위가 없겠지만 시대의 아픔을 무시한 채 살아갈 수는 없겠지요! 해서 2014년 4월 16일에 있었던 세월호 참사를 소재로 한 시 세 편도 동행시켰습니다. 시집 말미를 장식하는 서평은 생략하고 시조집을 따로 낼 기회가 없을 것 같아 대신 시조 8수首를 실었습니다.

'시인은 시로 말한다.' 라고 기회가 있을 때마다 떠벌리지만 시로 말해서 들어먹을 세상은 물 건너간지 오래고 그렇다고 욕지거리를 해대도 콧방귀도 안 뀌는 나라 사정이다 보니 조용히 입 다물고 사는 게 상책이다 싶어 그리 살고는 있지만, 지성인이라고 어디다 명함을 내밀고 다니려면 소신에 따른 행동을 보여줘야 하는데 가진 것 없고 배경도 없는 글쟁이가 전면에 나서봤자 무시당하거나 구둣발에 채이기 십상이라 솔직히 그렇게까지 하고 싶은 생각은 없습니다. 하지만 마음 한구석은 왠지 쓸쓸함이 떠나지 않는군요.

2년 전부터 시의 소재를 넓히기 위해 야생화를 카메라에 담으러 다닌 것이 이제는 시 쓰기와 함께 일상이 되어버렸고, 꽃을 만나면서 삶의 의미와 깊이를 다시 한 번 생각하는 시간들을 갖게 되었습니다. 그러한 부분들을 시로 표현하려 노력했고 늘 부족함을 느끼는 글이지만 독자 여러분께 제5시집으로 다시 인사를 드리게 되었습니다.

시집을 낼 때마다 하는 말이지만 저의 부족한 시편을 읽는 독자들 가슴 가슴에 단 한 줄의 글이라도 새겨져 독자들이 삶의 의미를 새로이 바라보게 할 수 있다면 어려운 여건 중에서도 시집을 내는 보람이 있다 하겠습니다. 시를 사랑하시는 독자 여러분의 건강과 행복을 기원합니다.

2015년 5월 안산에서

김성호

제1부

여행자의 기도

제2부

시詩가 된 풍경

제3부

들꽃의 초대

제4부

가을날의 기도

제1부

여행자의 기도

미완성이 완성이다

죽음으로 모든 것이 완성된다고 생각하지 마라
우리는 이미 태어났을 때 완성된 것이다
삶의 곳곳에 미완성의 불만과
그로 인한 욕심과 욕망이 끊어지지 않지만
이 또한 완성의 한 모습이다
삶은 다 이룸으로 받은 선물이기 때문이다
우리는 태어나면서 빛을 본다
빛을 볼 수 있다는 것은 완성을 의미한다
우리는 죽는 것이 아니라 다시 돌아가는 것이며
미완성의 세계로의 여행을 하게 되는 것이다
무한한 어둠의 세계 그곳을 탈출하여 누리는
세상을 향한 몸짓 하나하나가 완성의 산물이다
삶이 미완성이라고 생각하는
원죄와 같은 형벌에서 빨리 깨어나는 것이
완성된 인간의 삶을 원 없이 누리다 가는 것이다.

인생은 내리막길이 없다

우리가 다시 산을 내려오는 것은
또다시 산을 오르기 위함이다
우리가 다시 돌아가야 할 길은 없고
다시 돌아가는 그 길도 결국은
새로운 길을 걸어가는 것이다
산을 오를 때 앞서 오르려 하지 마라
인생은 내리막길이 없기 때문에
지금 서 있는 그곳이 목적지이고
그 자리에서 평화를 찾지 못하면
정상의 자리에서 삶의 행복이
죽음의 문 앞에서 신의 손길이
웃으며 기다리고 있을 것이라는
설익은 기대는 하지 않는 게 좋다.

어부의 노래

기뻐 춤추는 파도와 함께
노래를 부를 줄 모르면
바다에 나가지 마라
색깔 있는 바람이 두렵거든
배를 띄우지 마라
바다와 애증의 시간이 싫으면
그물을 던지지 마라
고기 잡는 어부는
고기를 잡는 것이 아니라
하루하루의 삶을 유혹하는 것
나의 옷이 하얀 돛이고
하얀 돛이 배의 날개가 될 때
어부는 하루를 벌게 된다.

축하합니다

길고 깊은 넓은 강일지라도
배를 타고 건너면 되고
뗏목조차 구하기 어려운 사람은
먼 길 돌아서 가면 되지만
겨울은 강처럼 돌아 건널 수 없다

인심도 함께 동면하는 모진 날
몸이 긴장하면서 갈비뼈가 꼬여
숨쉬기조차 버거운 날에도
살아 있다는 이유 하나 때문에
죽지 못하고 겨울을 건너야 한다

정령들이 춤추며 반기는 봄
새로운 삶의 환희를 꿈꾸며
축복의 계절과 함께하고 계신
여러분 환영하며 축하합니다

비구니

사바에서 꽃을 피우지 못하고
산사에서 파아란 꽃으로 피었다
여자에게 있어 삭발은
죽음이며 새로운 시작과 같다
흔들리면서도 꺾이지 않는
가녀린 꽃의 모습을 하고서
잔잔한 호수가 된 비구니의 눈 속엔
범접할 수 없는 부처가 앉아 있다
스님이기 전에 여자로 보였던
세속의 풋바람 같은 사내는
그녀의 푸른 미소에 그만 눈을 닫는다
눈을 감을 때 꽃이 흔들리면서
세상이 깨지고 한 줄기 바람이
암자의 계단을 타고 오르듯
수직의 등을 타고 오르는 불심.

한 해를 보내면서

계절에 이끌려 어쩔 수 없이
껍데기는 하나둘 바뀌지만
마음은 옷 갈아입기를 난색 한다
한곳에 머물지 않고 흐를 줄 아는
무심한 강물이 나이 들수록
부럽게만 느껴지는 이유다
많은 산을 오르고 오른다 한들
무릎이 시도록 걷고 걸어본들
함께 걸어주고 오르지 않으려는
옹이 진 마음의 어깃장에
몸이 더 쉬이 지치는 것 같다
또다시 한 해를 보내는 길목에서
온전히 떠나보낼 수 있는
마음 한 자락 가지고 싶구나.

여행자의 기도

신이 허락한 선물 가운데
가장 소중한 하루를
길어 올리는 저 해를 보라
갈 수 없는 곳에서 끌고 와
우리가 갈 수 있는 곳을 밝히는
저 태양의 울림이 들리지 않는가
삼라만상이 경배의 몸짓을 하고
바람의 숨소리조차 향기롭다
멀고 먼 여행지까지
하루를 끌고 밤새 달려와
다시없는 시간을 춤추게 한
신의 전령사 해의 노고에
감사 기도로 하루를 받는다.

누운 달력에게

일 년을 함께한 달력이 골방 구석에 누웠고
일 년을 같이 살아갈 달력이 기세 좋게 벽에 서 있다
한 해가 용케 가는가 했더니 잠시도 틈을 주지 않고
다른 옷을 입은 해가 당당히 나의 공간에 들이닥쳤다
생각해봐라
1년이란 시간이 나를 끌고 온 것이 아니라
내가 1년 속의 숫자들을 끌고 오지 않았던가
그러면서도 세월이 빠르다느니 야속하다느니
가는 해에 아쉬움을 갖는지 모를 일이다
언제 세월이 그대를 수레에 태워 달리기라도 했는가
그대가 세월을 마구 채찍질해대며 상처를 입히면서
쫓기듯 빠르게 끌고 가려 하지 않았는가
억겁의 시간 속으로 누워버린 달력에게
한 줄 위로의 말이 필요한 시간을 가질 때다
새 달력에 달콤한 맹세를 하기 전에 말이지

사랑은…

사랑은 꽃 같은 그녀의 자태만큼이나
아름답게 다가오는 줄로만 알았습니다.

사랑을 하면 활짝 모습을 드러내어
쉽게 눈 속에서 웃어줄 줄 알았습니다.

사랑한다고 햇살처럼 속삭일 때도
사랑한다고 그녀를 안았을 때도
사랑은 안개 속에 핀 꽃과 같았습니다.

잡히지 않는 사랑은 더욱 붉어지고
그림 같은 사랑의 무수한 말들이
시계추마냥 흔들리고 있었습니다.

사랑은 의지로만 하는 것이 아니고
사랑의 모습은 완성된 것이 아니고
사랑은 언제나 시작이어야 한다는 것.

사랑의 힘

살다 보면 한두 번은
넘을 수 없는 담을 만난다
심호흡하고 다시 봐도
막막함과 두려움에 눈이 닫힌다
남의 일로만 생각했던
사랑이 우연히 찾아왔고
새로운 꿈이 싹트기 시작했다
눈이 떠지고 힘이 생기면서
없던 용기도 생기고
막아섰던 장벽이 낮아지더니
마음의 평화를 돌려주었고
나를 지키는 담이 되어주었다
사랑을 한다는 건 어쩌면
막막함과 두려움을
나의 편으로 만들기 위한
생존 본능일 수 있다.

기억의 집

천국과 지옥은 빛과 어둠의 집이다
우리가 죽을 때 갖고 가는 것은 기억의 집으로
가벼운 집만이 하늘에 오를 수 있고
빛을 가린 무거운 기억들은 땅의 감옥에 갇힌다
천국에서 살아갈 기억의 집을 짓는 것이
사람으로 태어나 사람답게 살면서 해야 할
가장 중요한 이유가 되는 것이다
인간의 존재는 정신과 육체로 이루어지는데
죽으면 육체는 다 소멸되는 것인즉
정신으로 향한 밝은 기억들은 하늘을 향하고
육체를 향한 어두운 기억들은 땅속으로 향한다
살면서 내 집 하나 갖지 못하고 살았으니
세상에 잘못 태어났고 잘못 살았다고 하지 마라
죽는 순간 하늘로 오를 수 있는
빛의 기억들로 지어진 집 한 채면 된다.

빛의 유혹

시간의 구속이 느슨한 날
들꽃이 수줍게 눈짓하고
멋진 나무와 바위가
거부할 수 없는 몸짓으로
곁을 내주는 곳이면 어디든
강물이 은빛으로 파닥이고
바다가 파도를 시켜 말을 하는
나를 반기든 달가워하지 않든
그들과 속없는 대화를 하러
카메라를 들고 무작정 나간다
화창한 날의 빛은
시간의 감시를 압도하고
나를 그들에게 데려가 주었다
나 또한 한 점 의심도 없이
빛을 쫓아 나섰던 것 같다
빛의 유혹에서 시작된
자연과의 만남은 축복이다.

행복하지 않은 사람은 없다

불행의 의미를 잘 몰라서
자신은 불행한지를 모르고 산다
이 말은 행복이 무언지 몰라
행복을 모르고 사는 것과 같다
어떤 사람에게는 불행이
행복의 모습일 수 있고
어떤 사람에게는 행복이
불행한 모습일 수도 있다
불행하다고 느끼지 않을 때
행복한 것이 맞지만
행복하다고 느끼지 않는다고
불행하다고 생각하진 마라
그들은 세상의 빛과 어둠이라서
내가 땅을 바라보고 서 있는지
하늘을 바라보고 있는지에 따라
행복의 모습일 수도 있고
불행의 모습일 수도 있다
불행은 행복과 다르지 않기에
행복하지 않은 사람은 없다.

이승과 저승의 갈림길에서

— 세월호 참사에 부쳐

터져 나오는 오열 애써 감추려
멀리 하늘을 바라보지만
흐르는 눈물은 누가 막을 것인가
무능하다는 죄책감에
자식들 앞에 할 말도 못 하고 살았는데
하염없이 눈먼 바다만 바라보며
이제는 할 말조차 까먹은 채
눈앞에서 죽어가는 걸 지켜만 봐야 하는
무력감에 온몸이 녹아내린다
누구를 원망해서 자식이 살아온다면
신의 멱살을 붙잡고라도 원망을 하고
떼를 쓰고 싶은 심정이지만
눈앞에서 빌미를 허용한 그들을 향해
저주의 육두문자라도 뱉어야겠지만
손가락이 골절이 되도록 부모를 찾으며
죽어가고 있을 자식들 앞에
살아 있어도 죽은 부모만도 못 한
이승에서의 하루가 저승 같다.

팽목항의 비가

더 이상 내 것이 아니면
보내주어야 하는데
떠나보내지 못하고
팽목항 망부석 되어
미동치 않은 지 오래다
몸뚱이는 뭍에 걸려 있지만
혼은 바닷속을 헤맨다
정지된 시선은
기적의 손길이 점점 더
멀어지고 있다는 것을
부정하고 싶은 몸짓
차마 눈 뜨고는 볼 수 없는
잡히지 않는 풍경에
팽목항은 오늘도
이별가가 금지되어 있다.

돈의 향기

꿈이 현실이 되기를 바라는 것이
우리가 살아가는 이유이자 꿈일진대
상식이 악몽으로 버젓이 옷을 입고
우리한테 와서는 주인 행세를 한다
이제는 모두가 돈의 노예가 된 것 같다
천륜과 인륜 그리고 상식을 뒤엎는
돈이 만들어낸 세월호 참사라는 악몽
바뀌어야 한다! 지금도 늦지 않았다
나의 국가는 지금 어디에 서 있는가
나와 나의 이웃은 어디로 가고 있나
드러내 누구를 욕하기에 앞서
나부터 나의 가족부터 바뀌어야 한다
생은 유한하다는 것을 아는 사람들이
세상을 살아가는 이유가 참 어리석다
나와 당신들이 죽어 가지고 갈 것은
돈이 아니라 따듯한 돈의 향기다.

다방 커피

아주 쓴 커피를 마시면
너는 그래도 나보다는
살 만하지 않느냐는 말을 하겠지
삶이 매캐하고 쓰단 말
네 앞에서는 쉽게 못 하겠지
인생이 너무 달고 달아
쓴 커피를 마시지 않고는
체면을 지키기가 어려운 사람들
그들이 마시는 커피가 아닌
다방 커피라도 마시면서
바뀌 달지 못한 내 삶은
단맛을 쳐줘야 굴러간다.

매운맛

쓰다 달다 짜다 싱겁다 시다처럼
여태껏 맵다가 맛의 표현인 줄 알았다
매운맛에 대한 반대말이 없다는 것은
맵다는 맛이 아니라 자극이며
엄동설한에도 이마에 땀방울 맺게 하는
상대를 도발시키는 치명적인 덫이다
너무 쓰거나 달거나 싱겁거나 짜면
다시는 입에 음식을 가져가지 않지만
너무 매워서 다시 손이 가는 이 맛은
맛이라기보다 삶의 반전을 꿈꾸는
무명 인생의 숨겨 놓은 카드와 같다.

삶의 방식

가장 많은 사람들이 택하는 삶이
더하기 빼기의 삶을 사는 것으로
남에게 피해를 받으려 하지도 않고
주는 것에도 익숙하지 못하다
세상을 바꿔보려는 사람들의 셈법은
곱하기의 삶으로 이러한 삶이
잘못된 방향으로 흐르게 되면
가감의 삶을 사는 사람보다 못 하거나
불행해질 수 있음을 경계해야 한다
자신을 희생하고 이웃과 함께하는
고귀한 삶의 방식은 나누기로
그 어떤 삶의 방식에서 얻을 수 없는
행복의 가치를 덤으로 받는다.

시간의 벽

시간은 등을 보이지 않는다
웃는 모습 아니면
화를 낸 모습으로
우리의 몸과 마음을 향해
잡힐 만큼
보일 만큼의 속도로
달려오는 신의 몸짓이다
그가 등을 보이면
모든 것이 벽이고 어둠이다
본인은 그리하지 못해도
우리에게 원하는 것은 빛의 삶
살아 있는 동안 할 수 있다면
기쁨의 시간은 길게
슬픔의 시간은 아껴야 한다.

심각한 오류

좁은 산길을 오르는데
거미줄이 길을 막아섰다
무심코 손을 휘저어
거미집을 망가뜨렸다
장애물을 지나
몇 발자국 가지 못해서
집을 짓기 위해
많은 시간과 노력을 들였을
거미의 삶이 달라붙었다
머리를 숙이고
그냥 지나쳐도 됐는데
나의 오만함에
그는 얼마나 많은 땀을
삼복의 날씨에 또 흘릴까
가진 자들에게
당하고만 살고 있다는
내 생각은 오류였다.

동전

너에겐 생년은 있어도 생일이 없다
1973년생이니 내가 고등학교 들어가던 해다
40년 넘게 살아오느라 녹이 슨 너의 몸뚱이에서
1973년 그해의 기억을 보았다
덜컹거리며 신작로를 달리는 완행버스에 실린
청운의 꿈을 서울 변두리에 풀어 놓던 해이기에
1973년생 네가 추억의 사진을 보는 것 같아 반가웠다
너도 나에게서 녹슨 몸뚱이를 보고 있겠지
생일상을 한 번도 받아 본 적이 없는
생일 없는 너의 삶이기에 너와의 만남이
더 뜻있는 시간을 선물해준 것 같다.

반전反轉이 아니다

꽃처럼 예뻐지기 위해서라면
후유증을 감수하고라도 얼굴을 고친다
성형을 한다는 것은
자신을 드러내 보여주는 것이 아니라
오히려 감추고 사는 일이다
내면의 미를 가꾸고 키울 생각은 안 하고
외모로만 세상을 대하려는 순간
세상의 실패자요 낙오자가 되는 것이다
돈이면 반전이 될 수 있다는 생각은
자신의 진정한 삶을 감추고
탈은 쓴 삶을 선택하는 것과 다르지 않다
생의 반전을 원한다면 먼저
시들 줄 모르고 향기가 마르지 않는
꽃 한 송이 가슴에 피워내라.

달에게 묻다

달을 보고 소원을 빈다
나의 마음을 아는지 모르는지
보름달이 배시시 웃고 있다
누군가에게 소원을 비는 것은
자신의 마음을 비우는 것
무엇을 이루고자 한다면
마음을 비우는 것이 먼저다
오롯이 마음을 비워내기 위해
달에게 물어보기로 했다
나를 어떻게 생각하고 있는지
내가 어떻게 했으면 좋은지를
달마중 간다는 것은
나의 마음을 전하기보다
달의 생각을 알고 싶어서다
달을 보고 소원을 빌면
뜻이 이루어지는 것이 아니라
달이 들려주는 말을 듣고
화답할 때 꿈은 이루어진다.

잠

삶의 연장선에서 여러 날을
돈 없이도 살 수 있지만
며칠간 잠을 자지 못하면
미쳐서 죽어갈지도 모른다
꿈속에서 일어나는 일들은
사후세계일 수도 있고
전생의 기억들일 수도 있다
이성과 본능이 구속에서 벗어나
또 다른 세상을 창조하는
가장 불가사의한 세계가
잠이 연출하는 꿈의 나라다
어릴 적 고향의 언덕을 베고
그 어떤 것으로도 살 수 없는
다시는 깨어날 줄 모르는
잠에 들기를 소원하는 것이
내 생애 마지막 꿈이 아닐까

그리움의 오류

봄이 만남의 계절이라면
가을은 이별의 시간이다
그사이에 싹이 트는 것은
사랑이지 그리움이 아니다
사랑이 후천성이라면
그리움은 선천성이기 때문이다
그리움이 없는 사랑은 있어도
사랑이 없는 그리움은 없다
낙엽이 가엽게 느껴지는 것은
그리움이 짙어졌다는 증거지
사랑이 깊어간다는 사실을
들키고 있는 것이 아니다
사랑은 현실의 찬미이고
갈증 난 몸에 기생하지만
그리움은 꿈이요 과거이고
가난한 마음을 구속한다.

좋은 친구

좋은 친구는 그 누구도 아닌
나, 나다.
나의 마음과 친구가 될 수 있다면
나의 마음을 사랑하고
한평생 지키며 살 수 있다면
그보다 더 좋은 친구는 없을 것이다.
남에게 잘 보이기보다
자신에게 잘 보이는 삶이야말로
죽는 그날까지 친구를 잃지 않고
좋은 친구와 더불어
참된 삶을 만들어가는 것이다.

한 해를 산다는 것은

봄은 들꽃의 계절이고
여름은 매미의 계절
가을이 빛의 계절이라면
겨울은 눈의 계절이다

눈 그림자 다 녹기도 전에
꽃을 피워내는
들꽃에 눈맞춤 할 줄 모르고

긴 어둠 속을 걸어 나와
빛을 노래하는 매미의 생애가
사람의 삶과 다르지 않다는 것을
깨닫는 시간이 되지 못하고

무성했던 여름 숲도
가을빛 앞에서는 옷을 벗는
그 숲길을 걸어보지 않고는

모든 걸 덮고 가릴 줄 아는
하얀 눈의 사랑과 용서를
두 팔로 안을 줄 모르고는
한 해를 살았다고 하지 마라.

휴지통 비우기

오른쪽 클릭, 왼쪽 클릭
두세 번의 손놀림으로
내 삶의 쓰레기들을 괴물 상자처럼
아무 때나 내가 하고 싶을 때
버릴 수 있다면 좋겠단 생각을 하면서도
무서움을 떨쳐버릴 수 없었다
언젠가 사람이 쓰레기가 되어
컴퓨터에 의해 조종되는 로봇에게
단 두 번의 손가락질로
지구촌에서 추방되지 않는다고
누가 장담할 수 있겠는가
컴퓨터의 휴지통 비우기는
인류의 미래도 청소할 수 있다는
경고의 메시지인지 모른다.

시래기

나의 젊었을 때의 이름은 무청
먹을 것이 귀하던 시절
버리기 아까운지 새끼줄에 묶어
광이나 처마 밑에 걸어둔다
온갖 먼지 다 뒤집어쓰고
물기마저 다 날아가서
가벼운 바람에도 속마음 보이는
상늙은이가 되었을 때
다시 붙여준 이름이 시래기다
이름대로 때가 왔으니
나의 존재를 알고 손길을 준
누군가를 위하여 목욕재계하고
눈 내리는 날 아침상에
사람이 되기 위해 죽어야 한다.

일장춘몽

봄꿈을 꾸다가 나도 모르게 잠이 들었다
꿈길에 드니 만화방창이라 그만 꿈이 길어졌네
이불이 아직도 바지랑대에 높이 걸려 있는 걸 보니
집으로 돌아갈 시간이 많이 남았는가 보다
여보시게, 그러다 언제 밭을 갈려 하시는가
등 떠밀며 흔드는 소리에 일장춘몽 되었네

시간의 길이

지나고 나면 십 년 전이나
한 시간 전이나 찰나일 뿐
시간을 향해
나의 욕심을 보이느냐
시간이 나를 잡으러
달려오고 있느냐에 따라
같은 시간의 길이를 가지고도
그 길이는 천차만별이다
우리는 모두 죽는다
오래 살았건 일찍 죽었건
죽음 이전의 시간은
모두 찰나일 뿐이지만
화석化石을 보라! 찰나가
억겁의 시간일 수 있음을.

철야徹夜

자정이 지났어도 아파트 불빛들이
밤을 늘이느라 꺼질 줄 모르고 있다
저녁 시간이 지나 커피를 마시면
잠을 설치는 줄 알면서 커피를 타 놓고는
몸이 타들어 가는 줄도 모르고
무심한 강물에 배 띄워 밤을 밝힌다
허물없이 가까이하고 싶은 밤이
그리 자주 있는 것은 아니지만
다음 날은 어김없이 이런 밤을 위하여
쫓아오지도 도망가지도 않고
그 자리에 있을 것이라는 믿음 때문이다
밤이 길어지면 낮이 짧아지는 이치를
내 모르는 것이 아니지만
그래도 삶은 항상 가까이에 있고
지워지지 않는 기억의 시간들도
사랑하는 사물의 그림자들도
밤에 더 길고 잡기가 쉽기 때문이다.

불편한 진실

하늘의 권력은 인간사에 무차별함에도
땅의 권력은 차별을 이유로
세상을 지배하려 한다
하늘의 무수한 별들은 변함없이
맑고 깨끗한 영혼들을 위해 빛을 뿌리고
땅 위에서 반짝이는 별들은
도박과 마약에 취해 그 빛을 잃어간다
인간사 죽음 앞에서는 차별화되고
그 빛의 순도에 따라 사후세계가 정해진다
차별하지 않는 땅의 권력을 사용한 사람과
죽을 때까지 빛의 순도를 지켜낸 사람은
죽는 날까지 내 삶의 표상이기에
나는 오늘도 꽃을 만나 진실을 묻는다.

제2부

시詩가 된 풍경

꽃과 눈

빛이 내려오다
나뭇가지에 걸리면
꽃이 되어 세상을 밝히듯
어둠을 깨치고 나와
눈으로 핀 겨울꽃 또한
세상을 밝히는 빛이다
꽃 잎 하 나 하 나
눈송이 하나하나가
빨주노초파 활자로 변하면
꽃과 눈은 시詩가 되어
어둠을 밝힌다.

흑단풍

16년 넘게 자식을 위해 수절한
어느 여인의 듬성듬성한 말투에는
세월도 막지 못한 삶의 수레가 있었다
한쪽이 차면 다른 한쪽은 비는 법
바람이 몰려와 계절을 탐할 때마다
애써 표정을 감추려 애쓰지만
검붉은 피를 들키고 만 잎사귀
눈 딱 감고 곱게 바람 불어주면
눈먼 세월이 야속하지 않으려나
시작 한번 제대로 해보지 못한
피멍 든 삶, 누가 단풍을 곱다 하는가
사연 많은 잎사귀에도 한철은 있는 법
검게 물든 흑단풍을 찾아내고는
남몰래 눈시울을 붉혀야만 했다.

가을에 마시는 커피

물들 듯 가을이 오고
만추의 색채가 발길 잡아끄는
가을의 어디쯤 지나다 보면
지난 여름날 무성한 숲길에서
볼 수 없었던
잊혀져 가는 것들
사라져 가는 것들이
시야가 걷히고
산길도 제 모습 드러내면서
가파른 언덕바지로부터
나를 향해 달음박질치고 있었다
가을빛이 담긴 커피를 마셔
나를 짙게 물들이지 않고는
카키색 메마른 시간에
눈을 줄 수 없을 것 같다

첫사랑

차마 태우지는 못하고
깊은 곳에 숨죽이며 살라고
오래된 책갈피에 딴살림 내준
빛도 찾아가지 못하는
추억의 유배지 먼 성채城砦
색 바랜 사진 속 그녀

추일서정秋日抒情

어찌 가을빛이 동심처럼 푸르더냐
나의 치부를 다 가리려면 아직 멀었는데
무슨 낙엽이 저리도 붉더냐
나랑 뜨거운 연애 한번 안 하고
저리 빨간 핏물을 쏟을 수 있는 것이더냐
모든 것을 다 드러내 보여준다고
다 볼 수 없고 다 가보지 못하는 것을
나랑 언제 원수진 일 있다고
나를 이리도 초라하게 만드는 것이더냐
지난여름 숲길에서 눈맞춤 했던 꽃이
내 가슴 한편에서 아직 시들지 않았는데
향기까지 거두어 사라진 바람은
누구의 사주인가 가을이란 말이냐

눈 세상을 꿈꾸며

눈을 기다리는 마음속엔 순수가 있다
눈을 바라보는 눈目 속엔 꿈이 있다
눈길을 걷고 있는 사람은 세상의 주인이다
눈을 치우고 있는 사람의 손길엔
지우고 싶은 아픈 추억이 묻어 있다

순수한 마음으로 꿈을 꾸는 사람을
언제부턴가 눈雪이 눈目에 들어오지 않는
아픈 추억을 가진 이들의 마음을
새하얗게 덮어주는 눈 세상을 꿈꾼다.

한강의 기적

여름날 그리 쏟아내고도
못다 한 사연이 있는 건지
저만치 선유도의 발치에서
한강을 다 퍼낼 듯이
하늘을 향해 물탑을 쌓으며
치솟는 분수의 울음소리가
철 지나 우는 매미소리보다
더 가슴을 후벼 파누나
서럽고 긴 동면을 마치고
한 떨기 꽃으로 피어나서는
꽃답게 살아갈 수 있는
한강의 기적을 기다리는
꽃대의 몸짓이 떠올랐다.

풍선껌

풍선을 줄에 길게 매어 달리다가
성이 안 차면 끈을 놓아
동심을 하늘에다 날려놓고는
사라져가는 풍선을 배웅하며
손을 흔들어 한참을 바라보았던
기억 한 자락들은 다 가지고 있다
몇 번이고 반복해 꿈을 키우며
조심스레 풍선껌을 불어본 적 있는가
멀리 높이 날릴 수는 없지만
맘껏 꿈을 부풀렸다가 터지는 순간
그 아쉬움은 사라진 풍선에서
눈을 떼지 못할 때와 같았으리라
꿈의 크기를 늘려 더 많은 시간
행복의 울타리 속에 가두고 싶었던
동심이 반짝거리던 날의 풍선껌.

바람이 부는 이유

누군가에게 바람은 비수가 되고
어떤 이에게는 부딪혀 먼지가 된다
어떤 계절에 바람은 매섭지만
또 다른 계절엔 계곡의 물처럼 시원하다
남이 되어 살아볼 수 있다면 그리해라
계절을 이동하며 살아갈 수 있으면 그리해라
운이 좋아 그리할 수 있다 해도
바람이 부는 목적과 방향은 정확하다
바람에 걸린 마른 잎이
거부의 몸짓을 보이지 않는 이유다
바람에 살이 찢겨보기도 하고
바람의 속삭임에 유혹당해보지 않고서는
바람이 부는 목적과 방향을 알 수 없다
바람이 울부짖는 소리를 외면하고
바람이 달려가는 길을 막아선다면
삶의 끝은 어둠일 수밖에 없다.

겨울 나그네

창밖의 검은빛이
도둑처럼 찾아오니
심연에 빠진 달이
화들짝 달려 나와
긴 밤을 마중하는데
섣달 객은 외로워

풍도豊島는 섬이다

사람이 그립지 않으면 섬이 아니다
풍도 할머니들의 목소리에서
웃는 모습에 그리움이 묻어 있었다
풍도의 많은 꽃들이 외로움을 떨치고
그리움의 길이를 줄이기 위해
무리 지어 섬을 꽃으로 그려가고 있었다
섬에 사는 개는 사람이 하 그리워
사람이 도망갈까 봐 짖는 법도 잊었다
시간이 잡혀서 고샅에 갇혀 있는 섬
사람이 그리워 통통배를 따라
뭍으로 날아가는 갈매기가 사는 섬
사람이 그리워 바람꽃을 피워내
사람을 부르는 풍도는 진짜 섬이다.

시詩가 된 풍경

밥 짓는 연기 산골 마을 가두면
저수지 물그림자 은하수 되어
하루를 떠나보내는 길을 낸다
저수지에 홀로 배 띄우고
튀어 오르며 짝 찾는 물고기들과
한참을 숨바꼭질하다 보면
고즈넉한 저수지의 풍경 속으로
서늘한 바람이 들었다 나가고
둥지를 찾아 날아든 백로 한 마리
목청을 뽑으며 하루를 배웅한다
하루가 저물어 간다는 것은
저수지 한편에 서 있는 고목의
그림자를 물고 달아나는 것이다.

지워진 풍경

모란이 진 정원을 지나
아카시아 향기 창문을 넘는데
꿈같은 향기에 묻어
가슴을 파고들던 고향의 노래
뒷산 뻐꾸기 우는 소리는
이제 들을 수 없는 건가
부지런히 처마 밑을 드나들던
날렵한 제비의 눈부신 몸짓도
기억 속 페이지로 남는 건가
너무 오래된 그림을 지금껏
때만 되면 꺼내 보는 일이
이젠 불치의 병이 된 것 같다
남은 생애 시간을 아껴서라도
지워진 풍경들을 찾아내
그림에 그려 넣어야겠다.

이상한 동거

전혀 생각하지도 못한 표현들을
찾아내고는
도망치듯 그곳에서 내려와
그 옷을 입고 무임승차를 한다
분명 나는 소리를 낸 적이 없는데
한 음절의 탄식이 아주 짧게
내 영혼의 귓속을 파고들었다
죽어서도 삶의 궤적을 떨치지 못하고
누군가의 몸속에 숨어 살면서
훈수도 두고 그와 함께 울기도 하고
몰래 웃다 들키기도 하나 보다
살면서 내 자신이
이해 안 되는 구석이 있다는 것에
신기해하면서도 진즉 동의를 했지만
나에게 허락받지 않은 동거인의
돌출 행위라는 것을 알아챘고
그의 존재의 과시를 눈감아 준다.

좋은 사람

사진을 볼 때 시가 보이면
그 사진은 좋은 사진이다
시를 읽을 때 그림이 보이면
그 시는 좋은 시다
꽃을 볼 때 향기가 나면
그 꽃은 아름다운 꽃이다
사람을 만났을 때
시가 보이고 그림이 보이고
마르지 않는 향기가 나면
그 사람은 좋은 사람이다.

꽃담

꽃담에는 누가 사는가요
시간을 막고 선 바람의 영혼인가요
천년의 잠을 자는 대지의 여신인가요
담 밑에 숨어 사랑을 고백하던
두 영혼이 속삭이는 소리
지금도 들리지는 않는가요
꽃담에 핀 꽃은 지지 않습니다.
꽃담은 가로막고 선 담이 아닙니다.
언제나 열려 있는 영혼의 통로랍니다.
꽃담을 지날 땐 숨을 죽이고
발꿈치도 반쯤 들고 가셔야 합니다
꿈꾸던 영혼이 화들짝 놀라
도망가는 일이 있어선 안 되니까요.

가을의 덫

가을은 등을 돌리고 걷고 있는 여인
가을비 흩뿌리고 지나간 거리에는
숨어 지내던 고독도 일어나 걷는다
단단해진 거리를 걸어가기에는
너무 가벼운 몸뚱이 어지러이 흔들리고
마음은 바람이 가리키는 골목으로
떠밀려 들어가서는 나올 생각을 않는다
가을은 커피색과 동색同色이다
화려함을 꿈꾸며 식을 줄 모르던
지난여름의 열정이 나뭇잎에 걸리면
발길을 거두고 심연에 등을 밝힌다.

가을비

봄비가 창문을 열게 하는 비라면
가을비는 차양에 붙어 있던 먼지들에게
잠시 날 수 있는 자유를 허락한다
점점 무너져가는 숲의 시간들을
바람의 유혹에서 비켜 세우려면
지난여름 지독히도 뜨거웠던
허기진 몸뚱이의 반란을 막아내야 한다
반짝거리며 좀체 달라붙지 않는
쾌락의 정사를 거부하는 가을비의 몸짓
텅 빈 마음을 쉽게 차지한 너의
가을을 사랑하는 일방적 고백이다.

인생의 사계절

아지랑이 배냇짓하는 봄날엔
부모의 시야 안에서 길을 걷고
신도 자신을 위해 있어준다고 믿던
신의 눈을 통해 세상을 배우는
존재 그 자체로 빛나던 여름날엔
무성한 숲에 있던 길도 질투하니
너무 멀리 바라보려 하지 말고
가까운 곳을 살펴 실족하지 않도록
수신修身에 많은 시간을 보내라
잎이 떨어지는 가을 숲에는
없던 길도 거짓말처럼 생기고
가려졌던 길도 모습을 드러내니
더 멀리 더 넓고 깊은 사유로
세상을 이롭게 할 일을 찾아
생의 탑을 높게 쌓아 올려야 하고
삶은 아무리 잘 살았다고 해도
먼지를 다 털어내고 가지 못하니
모든 것을 덮어주는 눈 내리는
겨울날에 감사하는 마음으로
하얀 길을 걸어 떠날 일이다.

산의 이름

산의 높이가 그 산을
오르는 명분이기도 하고
그 산의 이름이
회자되는 이유가 되기도 하지만
내가 산의 이름을 기억하는 방식은
많이 엉뚱하다
산의 이름을 꽃으로 기억하기 때문이다
그 산에는 7년을 기다렸다가
바람난 여인처럼 달려드는
얼레지가 많이 피는 산이기에
그 산의 이름을 기억한다.

사랑의 무게

사랑을 하면서 어느 쪽이 부족한지
저울에 달려고 하지 마라
사랑을 하면서 균형을 고집하는 것은
신도 해보지 못한 사랑을 하려고
시간을 생을 낭비하는 짓이다
늘 내가 빚지고 있다는 생각으로
사랑을 하지 않으려면
사랑을 시작할 생각 하지 않는 것이 좋다
사랑은 흔들리는 것이라서
어느 한쪽이 반드시 빚지게 되어 있다
가벼워진 다른 한쪽을
내가 아니라고 생각하는 순간
어김없이 사랑은 금이 가기 시작한다
흔들림의 원인이 나라고 믿고
더 많이 사랑해주는 것이 사랑이다.

틈새

보일러 돌아가는 소리에
긴장을 풀지 못하고
믹스커피 하나로 몸을 데워
서너 시간을 버는 사람에게
단돈 몇천 원이 무서워
거짓말로 나이를 먹고
밥 한 끼 구걸하는 사람에게
틈새는 삶을 연명할 수 있는
기회이자 빛의 통로이다
그 틈새를 찾아 하루를 얻고
꿈까지 꿀 수만 있다면
밟혀도 살아남아야 한다.

빛과 그늘은 한 몸이다

당찬 겨울에도 빛의 그늘에는
온기가 피어나고 있었습니다
생명에 의해 생긴 그늘이기에
힘들지만 소중한 모습들입니다
빛의 그늘 속을 걸어갈 때면
빛을 모아 차곡차곡 쌓아서
나도 빛이 되는 꿈을 꿉니다
그늘의 시간을 운명처럼 살아온
나의 삶이지만 만리장성보다
더 견고한 삶의 주견이 있고
보석으로 바느질한 어떤 옷보다
질기고 따듯한 마음이 있습니다
빛과 그늘은 늘 한 몸입니다
나는 당신의 빛과 그늘입니다.

비닐하우스

촌부의 살림살이 짊어진
비닐하우스

밤사이
버력같이 쌓인 눈에 울상 진다

눈까지 책임지기엔
세상살이 무거워

그리움의 뜨락

지금은 풀 한 포기 심을 땅조차
가지고 있지 못하니 나의 그리움은
보여주지 못하는 마음뿐이다
개벽을 하고 초목도 말을 하는
세상이 오면 작은 나의 뜰에다
가슴 한 자락에 숨겨두었던
꽃씨를 꺼내 뿌리고 움을 틔워
잊지 않고 그리움을 완성하리라
움을 그리는 것이 그리움이니
천년의 대지 위에 싹을 피워 올려
나의 삶과 사랑을 노래하련다.

추억의 크리스마스

지금은 신을 믿는 것이 아니라
신을 만들고 추억하며 살 듯
언제부턴가 크리스마스도 추억이 되었다
지난 크리스마스 날의 기억들을 불러내
올해도 크리스마스를 보낸다
이 땅에 길을 내주신 예수이기에
지구촌의 생일로 정하여 반기는 날
막연한 그리움이 눈처럼 쌓이고
크리스마스가 썰매를 타고 달려오면
사랑하는 이와 함께할 수 없다 해도
한 해의 아쉬움과 고난의 시간들을
까마득히 잊어도 좋은 날인데
이제 크리스마스는 추억이 되었다.

고물상

동네 고물상 앞을 지나다가
발길을 멈춰야 했는데
나의 마음을 붙들어 세운 것은
이제 막 리어카에 폐지를 싣고 들어와
도라무통에서 곁불을 쬐고 계신
동네 어르신들이 아니라
마치 짜장의 면을 만들 듯이
엿가락을 늘이고 늘이던
어린 시절 내가 살던 집 바로
뒷집 옥이네 고물상 풍경이다
내가 알고 있는 고물상은
현금출납장 같은 가건물이 아니라
객지 생활의 시름을 달래려는 듯
노래 장단에 맞춰 엿가락을
주무르던 고물상인 것이다.

냉장고

집 안 구석구석 어디에도
불빛 한 점 없는 깊은 밤
냉장고 안의 불빛은
주인 식구들 건강을 위해
불침번을 서고 있다
며칠씩 집을 비울 때면
모든 전기 제품이 휴식을 가져도
냉장고만은 일하고 있다
공간을 낭비할까 봐
집 안 구석에 처박혀 있어도
불평 한 마디 없이
캄캄한 집 안의 어디선가
보이지 않는 곳에서
빛을 내며 주인 식구들의
충직한 일꾼 노릇을 한다.

그만큼

나뭇잎 흔들리는 모습에서
바람을 보고
계곡의 흐르는 물소리에서
바람소리도 함께 듣는다
물과 바람이 만들어낸
파도가 한 발짝이라도 더
뭍으로 다가오고 싶어
몸을 던지는 모습에서
먼바다 심해의 고독한 이야기를 읽으며
계곡 물속에서 흔들리던
나뭇잎들의 얘기를 들을 때처럼
그만큼
오랜 시간 앉아 있어야 했다.

눈 내리는 밤

눈 내리는 날은
닫혔던 시간들이 열리면서
고향의 골목길이 보이고
이름을 부르며 나를 찾는
엄니의 목소리가
저만큼서 들리는 것 같다
그래서일까
눈 오는 밤은 아늑하다
방의 불을 꺼야
창밖에 내리는 눈을
더 잘 볼 수 있듯이
거미줄에 묶인
육신의 꿈들은 잠시 끄고
오롯이
마음의 등불을 밝히면
눈 오는 밤은 천상의 세계다
멀리 떨어져 사는
아내의 숨소리마저 들리는
눈 내리는 밤은
너무 고요해 눈물이 난다.

나비효과

깊은 강을 바로 건너지 못하고
돌아 건너는 길에서 나비를 만났다
가을빛이 너무 낮게 내려앉아
발걸음이 지난 시간처럼 가벼운
한참을 늦은 가을 그 길에
나비가 날아오르는 것을 보았다
마치 유령이라도 본 듯
눈을 의심하며 한참을 서 있어야 했다
신기루를 뿌리며 봄날을 밝히던
나비의 꿈이 강을 건너지 못하고
유령이 되어 강물에 몸을 던질 때
나의 미래가 물 위로 떠오르며
강은 어느새 바다로 변해 있었고
나비는 다시 봄날처럼 활짝 웃으며
지난 시간 속으로 날아올랐다.

봄은 빛이다

얼어붙은 땅에 빛을 자처해
선녀처럼 내려온 눈과
음지의 삶을 사는 이들에게
꿈을 선사하기 위해
얼어붙은 땅을 깨트리고
꽃으로 피어난 빛과의 만남
하늘에서 내려온 빛과
땅에서 솟아난 빛이 만난
그 자리에 서 있던 나는
그 광경光景이 너무 따듯해
봄으로의 여행을 생각했다.

제3부

들꽃의 초대

꽃의 기적

나는 늘 그리 살아왔던 것 같다
태생은 그렇다 해도 기댈 언덕조차 없었으니
남들보다 한 발 아니 그 이상으로
늦게 삶을 배우고 육신도 여물어 갔다
남들이 모든 것을 포기할 때쯤에서야
나는 겨우 하나씩 얻어갈 수 있었다
그래서인가 꽃도 사랑도 예외는 아니었다
여름에 만나야 할 꽃을
만추로 접어든 길목에서 만났고
가을의 정점에서 만나야 할 꽃을
낙엽이 겨울 기차에 몸을 실으려는 찰나에
나는 또 원하던 꽃을 볼 수 있었다
사람과의 사람 사이의 만남에
인연이라는 다리가 있었던 것처럼
내게 찾아온 꽃의 인연에는
물매화와 해오라비난초가 있었다
모든 것을 포기하고 다음을 기약하는 순간에
찾아온 그 꽃들처럼 사랑의 인연도
극적인 삶을 연출하고 싶었는가 보다
내가 세상을 더 살아갈 수 있는
기회를 얻었다는 것은 기적이다.

들꽃의 초대

봄이 오니 꽃이 피는 것이 아니고
꽃이 피니 꽃을 보고 봄은 찾아온다
강인한 나무에 피는 꽃보다
섬약한 풀에 꽃들이 먼저 핀다
산자락 바위 밑에 몸을 사리고
봄을 부르는 야생화의 몸짓을
보지 않고는 봄이 왔다 말하지 마라

목련화 입술연지도 못 바르고 달려와
창가에서 세레나데를 부를 때
봄이 왔구나 이제 봄이다라고 하면
봄은 서운한 마음에 눈물을 뿌린다
개나리 진달래 원색의 물결이
곳곳에서 넘쳐나 허리춤을 붙들 때면
봄은 절정을 맛보고 퍼질러진다.

노루귀, 너도바람꽃, 복수초……
올해도 너의 초대를 기다린다.

꽃의 부름

너의 이름을 부르기 전에는
꽃이 아니라고 했는데
너의 이름을 부르기도 전에
너를 찾기도 전에
깊지 않은 화야산 계곡 언저리에
꽃으로 피어 봄을 노래하고
세상을 향해 거저 빛을 보태고 있었다
멀리 떨어진 곳에서도
너를 기억해내고는
너를 찾아가 다소곳이 고개 숙인
그 자리에서는 나도
하나의 꽃이 되고 빛이 된다.

꽃이 있어 좋은 날

겨울이 멀고 긴 이유를
꽃을 좋아하고 나서야 알았다
꽃이 어둠을 깨치고
세상의 빛으로 자리 잡으면
터널의 끝이 보이면서
새로운 세상이 화들짝 열리고
잔뜩 움츠렸던 은유들도
꽃을 피워 모습을 드러낸다
사람들의 입에서 꽃이 피고
선산 무덤가에 핀 꽃들이
과거와 미래의 시간을 말하는
꽃이 있어 좋은 날에는
내 삶에도 봄이 오겠지.

꽃의 안부

산의 입김이 초목을 감싸고
몸을 도사리던 들풀들이
슬며시 기지개를 펴는 이른 봄날
일 년을 손꼽아 기다렸던
꽃의 안부가 사뭇 궁금해
먼지 쌓인 사진기를 챙긴다
봄처녀의 자태로 수줍게 웃는
바람꽃의 안부가 궁금하고
하양 파랑 분홍으로 잘 차려입고
첫사랑 그녀의 환생으로 오는
노루귀의 소식이 궁금하다
바람이 그들의 향기에 실려
봄날을 축복하고 생을 노래할 때
꽃도 우리에게 안부를 묻는다.

꽃샘추위

꽃 소식이 하도 궁금하여
예년보다 일찍 산에 올랐다
꼬박 일 년을 기다려
찾아 나선 계곡의 양지에는
낙엽만 무성할 뿐
꽃의 그림자도 밟히지 않았다
서운한 마음 감추지 못하고 있는데
바위를 등지고 낙엽들 사이로
빠끔히 얼굴을 내민 너를 보는 순간
아쉬운 마음이 눈처럼 녹았다
너와 만남의 시간은 짧았지만
그 여운은 가슴에 남아
일찍 찾아온 꽃 소식이 고마웠다
다음 날 꽃샘추위가 들이닥쳤다
순간 네 모습이 떠올랐고
너의 안녕이 걱정되었다
늦게 핀다고 원망하던 마음이
미안한 생각에 털썩 내려앉았고
꽃샘추위를 밤새 견디고 있을
네 생각에 잠이 추웠다.

별을 품은 꽃

달이 아닌 꽃이 어디 있으랴
해가 아닌 꽃이 어디 있으랴
별이 아닌 꽃이 어디 있으랴
달이 뜨면 달맞이꽃 노란 분 바르고
해가 뜨면 타래난초 몸을 배배 꼬며
물감으로 그려낼 수 없는
물분홍 머금은 꽃을 출산한다
마음자리에 등을 걸고 봐라!
별 모양을 하지 않은 꽃이 없고
해와 달은 별 중의 별이니
별을 품지 않은 꽃이 있으랴.

꽃의 회생

꽃이 진다고 슬퍼 마라
꽃은 죽는 것이 아니라
회생을 준비하는 것
흙이 되고 거름이 되었다가
빛으로 향기로 소생해
떠돌던 기氣의 몸을 만나
다시 꽃으로 태어난다
사람도 이와 다르지 않다
죽는다는 것은 잊는 것
생명의 정화를 꿈꾸는 일로
꽃도 이와 다르지 않다.

꽃의 속도

빠름과 느림은 삶의 방식이지
속도의 차이가 아니다
꽃을 봐라!
움직이지 않고도 수십 리 밖에
꽃을 피워내지 않는가
꽃이 왜 늦게 피고 빨리 지는가를
탓하고 아쉬워하기보다
척박한 땅에서도
꿈을 잃지 않고 빛으로 피어나는
그들의 운명적 생존을 노래하라
바람도 추월하지 못하는
꽃의 속도는
고속철에 의지해 달리지 않고
소달구지로 돌고 돌아가더라도
꽃은 왜 피는지
꽃은 어떻게 사랑하는지
삶의 방식을 찾아 걷는 속도다.

꽃을 만나다

우연이었건 의도된 것일지라도
유명한 사람을 만난 기억은
오랫동안 자랑거리로 남듯이
어쩌다 희귀한 꽃을 만나면
사진도 찍어 간직하고 싶고
전설처럼 이야기를 부풀리고도 싶다

친구의 이름을 기억해 주는 것이
기본적인 삶의 방식인 것처럼
꽃과 친구가 되면
그의 이름을 기억해주는 것은
친구가 된 꽃에 대한 예의이다

좋은 친구는 보고 싶을 때
잊지 않고 찾아와 주는 친구다
좋은 꽃도 이와 다르지 않다
때가 되면 잊지 않고 피어서
환하게 맞아주는 꽃이 좋은 친구다

꽃을 찾아 길을 떠나는 것은
그의 이름을 잊지 않고 불러주며
좋은 친구를 만나는 것과 같다.

꽃의 고독

잘 아는 사람과 만날 때와
잘 아는 꽃과의 만남은 같지만
낯선 사람을 만날 때의 감정과
낯선 꽃을 만났을 때의 느낌은 다르다
기억에도 없는 꽃과의 상봉이지만
모르는 사람을 처음 만날 때의
두려움과 긴장감은 어디에도 없고
더욱이 계절도 잊은 뜻밖의 만남이라면
호기심의 크기는 내 마음 밖이다
나는 오늘도 홀로 사진기를 들고
거친 발걸음으로 산야를 헤매지만
그의 이름을 불러줄 사람을 기다리는
꿈속에서조차 보지 못했던
고독한 꽃이 있어 외롭지 않다.

감동을 주는 삶

먼 산 산허리에 홀로 핀 작은 꽃도
웃음을 잃지 않고 감동을 주는데
조물주의 걸작인 인간으로 태어나
감동을 주지 못하는 삶이라면
발에 밟히는 들풀의 생애만도 못하다
평생을 살면서 감격적인 순간을
몇 번을 만날 수 있다고 생각하는가
삶은 저녁노을에 반사되어 반짝이는
실개천의 파문 같은 작은 감동이 모여
그 힘으로 살아가는 것이 아닐는지
내일이 넘기 어려운 벽으로 서 있고
단 하루를 살다 갈 운명에 처해도
수평선 너머 외딴섬을 지키고 서 있는
해송이나 바위처럼 조용한 언어로
감동을 주는 삶을 살아가고 싶다.

계절을 잊은 꽃

살면서 정신줄 놓지 않고서야
계절을 잊고 사는 사람은 없다
조금 일찍 피고 일찍 질 수 있음은
사람과 꽃이 다르지 않지만
계절을 잊고 피어난 꽃들을
바라보는 사람들의 눈빛에는
반가움보다는 근심이 앞선다
계절을 망각하고 피는 꽃들이
기억을 가진 사람들과 달리
자신의 수명을 다하지 못한 채
쫓기듯 생을 내려놓는 것을 보며
그들의 집을 지켜주기는커녕
죄의식 없이 공해를 불러오는
사람들의 이기심이 언젠가는
그들도 계절을 잊고 피는 꽃인
계절의 미아가 되고 말 것이다.

동백꽃 2

꽃 중에 죄수꽃
너무 붉게 사랑한 죄
예고도 없이
망나니의 칼바람이 일고
죽어서도
흐트러짐이 없는
동백꽃의 자태

지나가던 나그네
바람에게 던진 말
붉게 사랑 한번 못 한
내가 진정 죄인이로다
내 죽어 사랑한다면
동백처럼 하겠소.

풍년화

작년 이맘때 풍년화를 보며
어릴 적 시골 큰집 동네 입구
서낭당 당상목에 어지럽게 걸려 있던
천의 손짓들을 기억해 냈었는데
오늘 풍년화를 보면서는
지난봄 거리와 광장에 내걸린
수천수만의 노란 리본이 생각났다
내년 이맘때 풍년화를 볼 때는
사랑하는 남편을 기다리며
동네 입구 나무에 노란 리본을 걸어
믿음과 희망을 기원했던
그 노랫말이 펄럭이면 좋겠다.

다문꽃

너무 일찍 철이 들어
청춘을 내색치 못하다
어느 날 부모가 되어
자식만을 바라보면서
살아가는 사람들을 보면
꽃으로 태어났으면서
꽃을 피워보지 못하고
시들어 버리고 마는
다문꽃이 생각난다

다 같이 열매는 맺지만
자신의 삶이라곤 없는
꽃이면서 꽃이 아닌
다문꽃의 생애는
동정을 받아야 하는지
신을 원망해야 하는지

물매화

맑고 순수한 눈을 가진 여인에게
함부로 눈을 마주치지 못했던
가렸어도 드러나는 처녀의 살결에
차마 손을 가져가지 못했던
젊은 날의 불문율 같았던 기억이
아직도 내게 남아 있었던 걸까
겨울을 부르는 비가 오기 바로 전
가을꽃의 백미인 물매화를 만났다
어떤 대상을 사랑한다는 것은
그와 눈을 맞추고 쓰다듬는 일
너를 만난 지 한참이 지났는데도
아직 내 눈 속에 들어오지 않았고
너의 감촉을 느끼기에는
손끝이 떨려 이루 형용할 길이 없다
너의 향기만이 내 주위를 맴도니
만추의 아득한 밤 향로를 꺼내
너를 옆에 두어 함께 잠들고 싶다.

뻐꾹나리는 울지 않는다

자기 둥지가 없어
집으로 날아가지 못하는 뻐꾸기
스스로 둥지를 틀고 꽃이 된 뻐꾹나리는
집 없는 뻐꾸기와는 다르다
뻐꾸기는 남의 집에 두고 온
새끼 걱정에 밤이 깊은 줄도 모르고
각혈을 하며 울부짖지만
뻐꾹나리는 자신의 향기로
밤을 그윽하게 품을 줄은 알아도
소리 내어 밤을 지치게 하지 않는다
무늬와 빛깔이 많이 닮았다고
몰염치한 뻐꾸기의 이름을 붙여준
사람들이 어이없다.

너도바람꽃

너도 바람꽃이라 해서 널 만나러
팔현계곡을 따라 천마산에 올랐다
물기를 머금은 찌푸린 날씨 탓에
환하게 웃어주지 못하는
너를 보며 아쉬워할 수는 없었지만
얼굴 단장은커녕 세수도 못 한
부스스한 얼굴로 반겨주는 네가
먼 길 찾아온 나로서는 미웠다
그중 곱고 예쁜 것들을 찾아
카메라에 담아 집에 와서 보지만
맘에 드는 개체가 있을 리 없다
사랑의 괴로움과 비밀을 간직한 꽃
너도바람꽃이 꽃을 피워내기까지
꽃이 되기 위한 눈물겨운 사투를
알고 나서는 너를 볼 자격이 없는
나 자신에 대한 실망을 숨기고
찢기고 빛을 잃은 너의 모습을
눈이 아닌 가슴으로 안아야 했다.

벼룩이자리

들꽃을 만나러 산과 들을 누비면서
발걸음이 한층 조심스러워졌다
아주 작은 꽃을 피우는 들풀을 밟아
다치게 하거나 그나마 짧은 생애를
간섭하게 될지도 모른다는 생각에서다
모터 달린 제초기가 번개 치듯 지나간
여름의 공간은 시간을 도둑맞았고
거친 들풀마저 황달에 걸려버렸다
많은 들꽃 중에 얼마나 작았으면
벼룩이자리란 이름을 얻었을까
용케 살아남아 작지만 예쁜 꽃 피운
너를 보는 순간 희망을 낚았다
작은 몸뚱이라 살아남을 수 있었던
벼룩이자리, 소외된 자들의 빛이다.

모데미풀

춘천댁, 나주댁, 음성댁 등
타지에 와 자리 잡고 사는 여자들을
고향의 이름을 붙여 부른다
모데미풀도 고향의 이름이 붙여져
불리는 꽃이니까 천생 여자다
선녀들이 내려와 살림을 차린
소백산 자락은 시간이 없다
무슨 말들이 그리도 향기로운지
조용하던 산속이 생기가 넘쳐났다
세상과 동떨어진 깊은 산속에
새 세상을 열고 정결하게 사느라
속인들의 사랑을 받지 못하고 살기에
기약도 없던 내가 너를 찾아가
마음 한 자락 흘리고 왔다.

복수초福壽草

봄소식에 목이 마른 이들을 위해
눈 속에서도 기품을 잃지 않는
신령이 깃든 성배聖杯 같은 꽃.

복수초가 여느 꽃보다
일찍 피는 데는 다 이유가 있었다
하루라도 빨리 세상에 나가
복과 장수를 빌어주기 위해서다.

복수초는 두꺼운 갑주를 입고
한 해를 살아낼 희망과 용기를
몸소 보여주려 6년을 기다렸다가
겨울을 밀치고 봄을 부르는 꽃.

노루귀

설령 윤회를 한다 하더라도
기억의 소멸이 말해주듯
그것은 또 다른 삶이기에
딱 한 번 주어진 시간들이
올바로 살아갈 수 있는 곳인가
솜털이 일어설 정도로
할 수 있는 한 귀를 쫑긋
주위를 살피기에 여념이 없다
노루가 큰 귀를 가리고
꽃으로 변신하기 위해서는
찰나의 순간이라도
긴장을 늦춰서는 안 된다.

들꽃 경배

여의도 큰 집의 모리배가 아니라면
야망에 못할 짓이 없는 사람이 아니면
누가 덥석
무릎을 꿇고 머리를 조아리겠는가
이들은 몸은 낮췄으나
마음속에는 높은 집을 짓고 있을 터
홀로 산속에 길을 내가며
꽃을 찾아 한나절 넘게 헤매다가
꿈길에서나 보았던 들꽃을 만나
넋을 빼앗긴 채 털푸덕 주저앉고는
숨죽여 호흡을 가다듬고
절로 고개를 숙여 눈인사를 해댄다
들꽃 경배, 무심 무색 무취의 몸짓이다.

동강할미 만나러 가는 길

어릴 적 고향 동네 뒷산 산소에서
쉽게 볼 수 있었으나 이제는
무덤 속으로 함께 들어가버린
꼬부라진 할미꽃을 떠올리자
먼 길 떠나가시는 모습
배웅도 못 해드린 외할머니께서
기별도 주시지 않고
추억이란 열차를 타고 찾아오셨다

동강할미를 만나러 가는 길은
추억 속을 걷는 길과는 다르게
모난 돌부리와 마른 풀뿌리들이
자주 발걸음을 긴장시켰지만
추억을 만나러 간다는 생각에
더 예쁘게 승화된 그 할미꽃을
눈과 가슴이 시리도록
마음껏 포식했다는 자족감에
몸짓은 절로 춤을 추고 있었다.

산사에 핀 꽃

바람도 호흡을 고르며 오르내리는
삼신각 올려 보는 계단에서 꽃을 만났다
핏기라곤 보이지 않는 얼굴에서
흘러나오는 목소리는 맑은 시냇물이었다
승복을 입은 중년의 여인을
여자로 보는 것이 죄스러워
꽃을 얘기하며 말 붙여오는 비구니를
꽃이 꽃을 말하고 있다고 생각했다
내심을 얼굴빛에서 미처 거두지 못한 채
고운 만큼 서러운 그녀의 접시꽃을
꽃대 같은 몸뚱이 바람을 피하느라
백지장을 찢어 놓은 종이꽃을 얘기했고
나는 생뚱맞게 아직 피지도 않은
꽃의 이름을 들먹이며 딴청을 부렸다
산사에 핀 꽃의 이름은 선문답이다.

제4부

가을날의 기도

능소화

나비야 금나비야 어디로 날아가니
수은등 불빛도 몸 사리는 장마철에
능소화 다 지고 나면 서러워서 눈물 나

가거든 가시거든 꽃으로 가시어요
오거든 오시거든 눈으로 오시어요
등 들고 서 있을 테요 안개 같은 인생사

전설은 살아남아 그대를 부르지만
꽃잎이 누운 거리 이 내 맘 어디 둘꼬
함박눈 내리는 날엔 그대 모습 보려나

소쇄원瀟灑園*

소쇄원 담벼락에 사람꽃 피었는가
꽃담에 기대보니 기척이 있는 듯해
바람이 지나는 소리 너였는가 묻는다

소쇄한 대나무숲 오수 들어 적막하고
인기척 잦아드니 양산보 대님 매네
실개천 파안대소로 속세를 닫아건다

꽃담을 따라 걷다 그 님을 만나거든
대숲에 숨어 사는 그 님을 찾거들랑
달 걸린 제월당에서 기다린다 하시게

* 소쇄원瀟灑園 : 조선 중기에 지어진 대표적 별서서원(민간 정원)으로 정치에 뜻을 잃고 낙향한 양산보가 지었다 한다. 현재 담양에 소재.

방화수류정訪花隨柳亭*

전쟁이 발발해도 꽃들은 만개하고
풍요가 바다처럼 끝없이 출렁여도
사람이 모여드는 곳 그곳이 세상일세

산성에 학 한 마리 날아와 앉았는가
성곽에 꽃선녀가 내려와 웃고 있나
바람도 길을 멈추니 세상만사 화평타

꽃들이 피어나고 새들이 지저귀는
나그네 머무는 곳 그곳이 내 집일세
춤추는 방화수류정 한나절이 꿈같다

* 방화수류정訪花隨柳亭 : 수원시 장안동에 있는 조선 후기(정조대왕 때)의 대표적인 누각樓閣으로 군사적인 목적으로 지었다고 한다.

한강

뿌리가 견고한들 물 없으면 다 허사요
강 따라 꽃 핀 사연 눈물 없이 들으리오
서울의 봄을 알리던 지난 시절 아쉽다

한강이 눈을 감고 등 돌려 누우려다
안개로 피어올라 세월을 미혹迷惑하니
백성들 강물에 빠져 헤어나지 못하네

강물이 핏물 되어 적시는 서울 한강
세월의 마디마다 눈물이 배었어라
눈물이 젖줄이 되어 굽이칠 날 있으리

가을날의 기도

하늘을 바라보며 눈으로 기도하니
어느새 눈물방울 살포시 내려앉고
눈동자 가슴에 박혀 장승처럼 서 있네

흰 구름 바쁜 걸음 눈가를 벗어나고
깊어진 파란 물감 서러움 불러내네
바람아 꽃구름 불러 고향 산천 가보자

꽃무릇 숨어 울던 산사의 담벼락에
가을빛 너무 고와 발길을 잡아매네
너와 나 신랑 각시로 남은 여생 살까나

친구야

라일락 짙은 향기 담 넘는 해저녁에
막국수 끓여놓고 친구를 부르시게
어물쩍 해 넘어가면 가는 세월 야속해

가지 마 하려거든 술 한 상 차려놓고
세상사 내 마음과 달라서 이리 됐네
반달을 함께 부르던 동무 시절 잊었나

세월은 몸뚱이를 녹슬게 만들지만
마음은 추억 속에 갇히어 그 자리니
늙기를 서러워 말고 언제 한번 보세나

잘 가시게 친구

인생은 직선이나 세상은 동그랗네
인생이 유한하니 저승길 걷는 거지
인생의 종말이 오면 세상 또한 끝이지

세상은 돌고 돌아 언제나 그 자리지
세상과 입 포개어 산다고 오래 사나
세상이 등을 졌다고 덜 사는 것 아니오

살아서 누린 영화 죽으면 가져가나
숨겨 논 돈다발이 저승길 불 밝히나
꽃처럼 사시었거든 어여쁘게 가소서

꿈속의 꿈이로세

앞 보고 달려본들 돌아서 바라본들
시작이 끝 날이고 끝 날이 시작이라
세상사 욕심 부릴 일 어디에도 없구나

권력도 순간이고 명예도 바람이라
재물도 불길 속의 종이와 한가지라
사랑도 욕심이거든 안 하니만 못하다

살아서 못 본 것을 죽어서 보겠느냐
죽어서 누릴 영화 꿈속의 꿈이로세
신처럼 살다 간 이도 못 한 것이 더 많다

청산도

청산도 가는 길에 뱃길이 춤을 춘다
산굽이 휘휘 돌며 속세를 털어내니
신선이 구름 타고 와 친구 하자 하더라

풍광이 절색이라 사람들 몰려오니
소문난 청산도에 사람꽃 피었어라
주객이 바뀌었어도 당상목은 알겠지

서편제 장단 따라 걸어보는 느림의 길
유채꽃 밭길에는 꽃향기 파도치네
길 따라 꽃향기 따라 청산도는 별천지

문학세계대표작가선 745

꽃이 있어 좋은 날

김성호 제5시집

인쇄 1판 1쇄 2015년 4월 28일
발행 1판 1쇄 2015년 5월 5일

지 은 이 : 김성호
펴 낸 이 : 金天雨
펴 낸 곳 : 도서출판 天雨
등 록 : 1992. 2. 15. 제1-1307호
주 소 : 서울시 성동구 무학봉28길 6 금용빌딩 2F(하왕십리동 966-23)
전 화 : 02)2298-7661
팩 스 : 02)2298-7665
http://www.moonhaknet.com
E-mail : chunwo@hanmail.net

값 10,000원

ISBN 978-89-7954-600-2